AF496282

DÉVELOPPEMENT

DES

PROJETS

D'UNE

BANQUE NATIONALE IMMOBILIÈRE

HYPOTHÉCAIRE,

Intérêts à 3 pour cent l'An.

RÉSULTATS PRÉSENTS :

Rétablissement du Crédit public et particulier ;
Reprise des Affaires agricoles, commerciales et industrielles ;
Travail pour tous les Ouvriers.

RÉSULTATS EN 30 ANS :

6 milliards de Bénéfices pour l'État, *prêteur*.
6 milliards *id.* pour les Propriétaires, *emprunteurs*.

LISEZ :

Et si vous trouvez les motifs et les calculs VRAIS, faites signer des Adhésions pour remettre à l'Assemblée nationale.

PRIX : 50 CENTIMES.

PARIS.

Chez l'AUTEUR, 23, passage Saulnier ;
Chez M. BLOIS, Concierge de la Bourse.

30 Septembre 1848.

Imp. de Mme de Lacombe, r. d'Enghien, 42.

DÉVELOPPEMENT

DES

PROJETS

D'UNE

BANQUE NATIONALE IMMOBILIÈRE

ÉTABLIE PAR L'ÉTAT (1),

Par Charles POLINO,

ANCIEN EMPLOYÉ DE BANQUE, EXPERT-COMPTABLE.

En trente ans, l'émission de trois milliards de billets, donnera :
6 milliards de bénéfices à l'État *prêteur*;
6 milliards de bénéfices aux propriétaires *emprunteurs*.
Dès à présent, elle rétablira le crédit public et particulier; vivifiera toutes les affaires agricoles, commerciales et industrielles, et procurera du travail aux ouvriers.

Parmi les mille projets financiers présentés depuis la révolution de février, propres à relever le crédit public et particulier et à donner de la vie aux affaires, c'est, sans contredit, ceux qui traitent d'une Banque nationale immobilière.

Ce n'est nullement par des phrases pompeuses, ni par des comparaisons avec des combinaisons financières étrangères que nous venons soutenir ces projets, c'est par des raisonnements vrais et des chiffres incontestables.

---

(1) Un comité, composé d'hommes très honorables, qui a tenu ses séances à l'Hôtel-de-Ville, salle Saint-Jean, et qui les tient encore, tous les samedis, à la salle Montesquieu, s'est occupé et s'occupe activement du projet d'une Banque immobilière. Nous n'avons donc pas la prétention de l'initiative : nous avons, au contraire, le désir de faire réussir leur pensée en l'appuyant de nos observations et des moyens que nous croyons propres à convaincre tout le monde de son utilité et de ses avantages.

En effet, une Banque nationale, telle qu'elle est comprise et que nous la comprenons, aurait pour résultat :

1° De procurer à l'agriculture des capitaux pour améliorer les terres en les mettant dans un plus grand état de rapport;

2° De procurer aux propriétaires, dont les propriétés sont grevées d'hypothèques, les moyens d'avoir de l'argent à meilleur compte, et d'éviter des expropriations désastreuses;

3° De mettre, par les remboursements qui se feraient des créances hypothécaires, beaucoup de valeurs dans la circulation, valeurs qui se placeraient, soit dans les fonds publics, soit en acquisitions d'immeubles, soit dans l'industrie et le commerce;

4° De diminuer la circulation d'effets de commerce au moyen des capitaux qui seront versés en compte courant ou en commandite dans le commerce et l'industrie; avantage immense, surtout en temps de crise;

5° De procurer à l'État un revenu annuel considérable, et des acquéreurs pour les 6 à 700 millions d'immeubles qui lui appartiennent, et qu'il se propose de vendre.

Plusieurs milliards sont dus, par des obligations hypothécaires, à l'intérêt de 4 à 7 p. 0/0 : la loi ne permet pas de prêter au-delà de 5. Mais qui ne sait pas que beaucoup de traités se font en dehors des contrats et toujours au détriment de l'emprunteur !

La Banque de France prête de l'argent, ou pour mieux dire, elle donne aujourd'hui ses propres billets contre des valeurs de commerce à deux ou trois signatures, ou sur des dépôts d'effets publics, des matières d'or et d'argent.

Pourquoi une Banque immobilière ne donnerait-elle pas des billets (qui auraient cours comme ceux de la Banque de France) à des propriétaires d'immeubles qui lui feraient des obligations hypothécaires et toujours en première ligne, pour les 2/3 de leur valeur, après une estimation équitable, basée sur le revenu net? Rien ne s'oppose à cela. De pareilles obligations n'auraient-elles pas tout autant *et plus* de valeur que des effets de commerce à deux ou trois signatures? L'affirmative n'est pas douteuse.

Comme la Banque immobilière serait un établissement à

l'Etat; qu'elle lui procurait un grand avantage; qu'elle est destinée à rétablir le crédit public, à améliorer l'agriculture, à procurer du travail et à aider l'industrie; l'État serait garant du paiement des billets de la Banque immobilière.

Les billets de la Banque immobilière, émis à de pareilles conditions, auraient certainement autant de crédit que ceux de la Banque de France. Eh ! pourquoi en serait-il autrement ?

L'émission des billets de la Banque immobilière serait limitée à 3 milliards, d'abord, sauf à étendre cette émission, si l'expérience en démontrait la nécessité.

On ne pourra rembourser que les obligations hypothécaires échues, et celles à échoir ne seront remboursées qu'au fur et à mesure des échéances, à moins que les créanciers ne consentent à être remboursés de suite.

On prêtera à 3 p. 0/0 par an.

Si on prête 3 milliards au taux de 3 p. 0/0, cela donnera un revenu de. . . . . 90,000,000 fr.

Les frais d'administration peuvent être évalués à :

1° Établissement central à Paris	600,000 fr.	
2° 85 succursales: une pour chaque départem., à 40,000 fr.	3,400,000	
3° 300 comptoirs aux chefs-lieux d'arrondissement, à 8,000 fr.	2,400,000	
4° Frais imprévus . . .	2,600,000 fr.	
		9,000,000 fr.
Restera net. . .		81,000,000 fr.

L'État aurait donc un revenu annuel de 81 millions, *revenu qui ne pèserait sur personne*, puisque les emprunteurs gagneraient, au contraire, environ la même somme, par la diminution de l'intérêt qu'ils paient ce jour.

Une partie de cette diminution d'intérêt profitera à toute la classe pauvre, soit par la diminution du prix des denrées, car l'agriculteur, produisant avec moins de frais, pourra vendre ses denrées à plus bas prix, soit par la diminution des loyers, car, si le propriétaire d'un immeuble d'une valeur de 90,000 fr. paie 3,000 à 3,500 fr. d'intérêt sur 60,000 fr. qu'il devrait sur son immeuble, et qu'il ne paie plus que 1,800 fr., il est bien évident, qu'il pourra faire profiter ses locataires de partie des bénéfices qu'il réalisera en empruntant à 3 p. 0/0, au lieu de 5 à 6.

L'État aura à percevoir, sur les 3 milliards que la Banque immobilière prêtera, un droit d'enregistrement de 1 p. 0/0, plus le dixième, soit 33 millions, par suite des obligations qui lui seront consenties par les emprunteurs. Ajoutez à cela 81 millions, qui lui resteraient sur l'année d'intérêt à payer d'avance, l'État pourrait recevoir une somme de 114 millions, et ce, dans le cours du temps qu'il faudrait pour faire les prêts.

Les 3 milliards à prêter seront employés :

Partie à rembourser des créanciers hypothécaires. Ceux-ci feront emploi, nécessairement, des sommes qu'ils recevront, soit en achats d'effets publics, soit en acquisitions d'immeubles, soit en aidant le commerce et l'industrie, ainsi que nous l'avons déjà dit.

Partie sera employée au défrichement et en améliorations des terres et en constructions nouvelles, qui, employant beaucoup de travailleurs, vivifieront une infinité d'industries.

Tels sont les avantages qui résulteraient de la création d'une Banque nationale immobilière établie par l'État : ils valent bien la peine d'être pris en considération.

On a cependant fait plusieurs objections à ce plan. Nous nous bornerons à en réfuter QUATRE.

La première est :

Que les billets de la Banque immobilière n'inspireront point de confiance ; on les comparera *aux assignats*.

A cela nous répondrons :

Lorsqu'on a commencé à créer les assignats, on a pensé à établir un signe monétaire réel, représenté par les immeubles de l'État, et ceux confisqués sur les émigrés et le clergé.

Les assignats eurent d'abord un cours pour leur valeur nominale ; mais les craintes que l'ancien ordre de choses ne revînt, la répugnance pour beaucoup de monde, de considérer comme acquis à l'État des biens provenant de confiscations, firent craindre que le signe monétaire ne fût représenté par aucune valeur réelle.

Le gouvernement d'alors, au lieu de rassurer le public sur ces craintes, fit fabriquer, outre mesure et sans contrôle, des assignats, de manière que le cours descendit à zéro. Ce qui a encore contribué à ce discrédit, ce sont les billets faux que l'on prétendait exister : ce qui pouvait être vrai, par le manque de contrôle et le défaut de précaution à leur fabrication.

Mais aujourd'hui :

Les billets de la Banque immobilière ne sont pas représentés par des valeurs idéales pouvant disparaître. Ce n'est pas l'État qui emprunte, il est au *contraire prêteur*. Les billets ne seront émis que contre une valeur supérieure donnée en garantie, c'est-à-dire que l'emprunteur recevra 2,000 francs, en donnant un gage certain de 3,000 francs : chaque citoyen sera à même de vérifier une pareille opération, et l'État garantissant le remboursement du prêt, il ne peut y avoir aucune crainte sur l'avenir. Eh! comment pourrait-on avoir des craintes? Lors même que la malveillance et les ennemis du pays chercheraient à déprécier les billets de la Banque immobilière, *n'y a-t-il pas un puissant levier pour en soutenir la valeur? Ce levier prend sa force dans les emprunteurs eux-mêmes, qui s'empresseraient de rechercher les billets pour payer leur dette, s'ils y trouvaient le moindre avantage.*

Les obligations notariées, entre les mains de la Banque, *circuleront dans ses billets*. Quel est le citoyen qui, possédant une obligation hypothécaire de 2,000 fr., garantie tant par un immeuble d'une valeur de 3,000 fr., que par l'État, voudrait céder son obligation à perte? Il n'en serait aucun, sans doute. Eh bien ! pourquoi voudrait-on que les billets de la Banque immobilière aient un autre sort? Aucune raison ne viendrait appuyer une pareille prétention.

Ces éléments simples n'ont besoin que d'être exposés avec franchise, pour être appréciés par tout le monde. Ainsi donc, que tous les économistes, les administrateurs publics, les préfets, sous-préfets, maires de chaque commune, les ministres des cultes, etc., les fassent bien comprendre, et les billets de la

Banque immobilière seront reçus partout, comme des espèces d'or et d'argent; car, ils vaudront tout autant : les espèces ont leur valeur en elles-mêmes et les billets ont la leur *en un gage matériel qui ne peut disparaître.*

Les billets seront fabriqués avec doubles souches, d'un papier spécial et avec toutes les précautions possibles : la fabrication se fera sous la *surveillance* de trois directeurs de l'établissement central à Paris, celle du ministre des finances et de la commission nommée par l'Assemblée nationale pour surveiller les opérations de la Banque immobilière.

Il ne peut donc y avoir *aucune analogie* entre les assignats et les billets de la Banque immobilière. La contrefaçon ne sera pas plus à craindre que pour les billets de la Banque de France.

La deuxième objection est :

Que l'émission d'un signe monétaire trop abondant fera augmenter les denrées et la marchandise au détriment du pauvre.

Cette objection n'est sans doute pas sérieuse : nous prétendons le contraire.

En effet, la Banque immobilière, en procurant au cultivateur, au fermier, de l'argent à bon marché, les mettra à même de produire avec moins de frais, et de pouvoir livrer leurs denrées à plus bas prix. Il nous semble qu'il n'y a pas de réplique à cela.

Il en est de même des marchandises. Le manufacturier, fabriquant aussi avec moins de frais, pourra également donner ses produits à meilleur compte.

Si la richesse du pays augmentait naturellement, c'est-à-dire si on trouvait une mine d'or ou d'argent, que l'on pût *exploiter sans frais,* il est constant que les denrées et les marchandises augmenteraient, attendu que le signe monétaire métallique serait lui-même en plus grande quantité : il en est du métal comme de tout autre produit de la terre : la valeur augmente ou diminue, en raison des quantités.

Mais la création de la Banque immobilière ne changerait en rien la richesse du pays; elle rendra seulement *mobile ce qui est immobile.* Ce fait est *immense.* Il facilitera les transactions qui procureront des travaux, qui ramèneront l'ordre et l'abondance.

Cette objection n'est donc pas plus fondée que la première.

La troisième objection est :

Que les capitaux n'ayant plus le moyen de se placer sur des prêts par hypothèques au-dessus de 3 p. 0/0, émigreront à l'étranger.

A cela nous répondons :

Non, les capitaux n'iront pas à l'étranger. La plupart des créanciers hypothécaires n'ont aucune relation hors France. L'Allemagne, la Russie, l'Italie, l'Espagne et plusieurs autres pays ne présentent pas de sécurité. L'Amérique est trop loin ; l'Angleterre et la Suisse ne prendront pas d'argent au-dessus de l'intérêt de 3 p. 0/0. On n'aime pas, généralement, à prêter de l'argent pour avoir un gage loin de soi ; on préférera un intérêt moindre et à avoir son débiteur sous les yeux.

Eh ! n'avons-nous pas un placement avantageux à faire en France? La rente 5 p. 0/0, à 75, donne 6 3/4 — à 80, 6 1/4 — à 90, 5 1/2 et à 100, 5. — Supposez que la rente revienne à 100 fr., *et c'est très probable,* surtout si la Banque immobilière est établie, alors les capitaux qui ne voudront pas se placer dans le commerce, dans l'industrie, à des intérêts de 5 à 6 p. 0/0 ; qui ne voudront pas se placer en achats d'immeubles, se placeront sur la rente à 100 fr. Elle trouvera des capitaux qui la pousseront au-delà. Tel est notre esprit national, que nous passons facilement d'un extrême à l'autre.

La quatrième objection est :

Notre système hypothécaire est contraire à l'exécution d'un projet de Banque immobilière.

Il est constant que le système hypothécaire est vicieux ; qu'il y a des améliorations à y apporter.

Mais cela n'a pas empêché que l'on n'ait fait beaucoup de prêts hypothécaires ; la preuve, c'est que l'on prétend qu'il y en a pour 14 milliards.

Les hypothèques conventionnelles et judiciaires sont faciles à déterminer.

Les hypothèques légales présentent quelques difficultés, mais elles ne sont pas insurmontables. Elles se divisent en deux classes :

La première concerne les hypothèques des femmes mariées.

La deuxième concerne les mineurs.

En ce qui concerne les femmes mariées, on peut aisément éviter les hypothèques légales par la présentation des contrats de mariage, et en les faisant intervenir dans les obligations qui seraient souscrites par les maris.

En ce qui concerne les hypothèques des mineurs, la question est plus délicate : on est obligé de s'en rapporter aux déclarations des emprunteurs: elles sont rarement inexactes, attendu que les lois punissent les fausses déclarations ; et d'ailleurs, si les lois ne sont pas assez sévères, on peut en faire qui le soient davantage.

Comme il y aura un conseil composé de notaires attaché à la Banque, ce sera à lui à veiller plus particulièrement à la sincérité des déclarations des hypothèques occultes. Alors, tous les inconvénients disparaîtront.

Les emprunts qui se feront pour rembourser des obligations hypothécaires seront la majeure partie des hypothèques avec privilége du vendeur, ou bien des hypothèques provenant d'obligations conventionnelles ; et comme la Banque se fera subroger aux droits de ceux qu'on remboursera, son gage sera toujours parfaitement bien placé.

Il n'y a donc pas à craindre d'être trompé sur l'état des hypothèques qui établiront le gage du prêt fait par la Banque immobilière.

Il nous reste à établir comment nous entendons les opérations de la Banque immobilière, et son administration.

OPÉRATIONS.

La Banque prêtera les 2/3 de la valeur des propriétés qui lui seront données en garantie, à l'intérêt de 3 p. 0/0.

Elle prêtera pour un temps indéfini. La Banque immobilière aura la faculté de se faire rembourser; dans le cas de dépréciation de l'immeuble sur lequel elle aura prêté, mais seulement dans le cas où l'emprunteur ne voudra pas payer à la Banque la moins-value qui sera fixée par elle.

L'emprunteur pourra à toute époque se libérer ; il pourra donner seulement des à-comptes, mais ils ne pourront être moindres chacun du dixième du prêt. Pour les prêts au-dessous de 1,000 f., les à-comptes ne pourront être moindres de 200 fr. chaque. La Banque tiendra compte de l'intérêt à 3 p. 0/0 sur tous les remboursements partiels.

Les intérêts seront payés par semestres. A défaut de paiement et après une année de retard, la Banque pourra contraindre l'emprunteur au remboursement du capital.

L'emprunteur paiera, au moment du prêt, une année d'intérêt d'avance, imputable sur la dernière année qu'il pourra devoir.

Si la Banque fait vendre l'immeuble sur lequel elle aura prêté, elle le fera par les formes ordinaires, et comme le ferait tout particulier.

Si l'immeuble sur lequel elle aura prêté était vendu par des tiers, elle pourra pousser le prix de manière à se couvrir de ce qui lui sera dû ; hors ce cas, jamais la Banque ne se rendra adjudicataire de l'immeuble. L'adjudicataire pourra être subrogé, à l'égard de la Banque, aux droits de l'exproprié ou du propriétaire premier avec lequel elle aura traité.

Elle ne prêtera pas moins de 500 fr. et plus de 300,000 fr. à chaque individu.

Le prêt se fera aux 86 départements dans les proportions de l'impôt foncier, et dans l'ordre des demandes, mais pour le montant attribué à chaque département.

Chaque département sera tenu de faire emploi de la portion à lui assignée ; à défaut, la Banque disposera de ce qui n'aura pas été employé, en faveur des départements qui n'auront pas pu répondre à toutes les demandes qui leur auront été faites.

Elle ne pourra prêter au-delà de 3 milliards, sans une nouvelle autorisation de l'Assemblée nationale. Elle pourra toujours prêter, à titre de réemploi, toutes les sommes qui auront pu lui être remboursées.

Chaque fois qu'il sera fait un remboursement à la Banque, elle sera tenue de retirer de la circulation une somme de billets égale au remboursement. Ces billets seront déposés dans une caisse, pour n'en sortir qu'en cas de réemploi.

Les obligations seront faites et passées dans l'étude du notaire de l'emprunteur, sous la surveillance des notaires attachés à la Banque, dans chaque département. Les droits des notaires seront de 1/2 pour 0/0 : 1/4 appartiendra au notaire qui fera l'acte; 1/8 aux notaires de la Banque; 1/8 aux architectes et experts attachés également à la Banque. Ces droits ne pourront jamais être au-dessous de 10 fr. pour chaque obligation. Il sera payé en outre, au notaire qui gardera la minute, tous ses déboursés pour les expéditions.

L'estimation des immeubles, sur lesquels la Banque prêtera, sera faite par les architectes, experts et géomètres, attachés à la Banque.

Les immeubles grevés d'hypothèques, qui ne dépasseront pas l'estimation de la Banque, pourront toujours être libérés en remboursant ces hypothèques aux termes des contrats.

La Banque ne prêtera que jusqu'à concurrence de son estimation. Les fonds qu'elle prêtera serviront à rembourser les hypothèques, s'il y en a, dans leur ordre et par subrogation aux droits des remboursés. Si les hypothèques s'élèvent à l'estimation, tout le prêt sera payé aux créanciers hypothécaires; si elles sont inférieures, la partie du prêt libre, sera payée à l'emprunteur. Pour les obligations qui ne sont pas remboursables de suite, la Banque ne prêtera qu'aux échéances de ces obligations, et si elle a des fonds disponibles sur les trois milliards, ou provenant de remboursements qui auront pu lui être faits. Tant qu'il y aura des fonds disponibles, toute préférence sera donnée à l'emprunteur qui sera déjà débiteur de la Banque sur le même immeuble.

Il faut que la Banque soit large dans son prêt; il faudrait qu'elle *prêtât les 3/4 pour bien faire*; mais elle ne peut prêter moins des 2/3 de la valeur des immeubles qui lui seront donnés en garantie. Prêter moins, c'est manquer le but que l'on se propose. Il ne faut pas de demi-mesure, ou en prendre qui ne produisent pas d'effet. On veut faire une chose utile, ou on ne le veut pas : prêter peu, c'est augmenter la gêne; prêter beaucoup, c'est ramener l'abondance.

En prêtant les 2/3 de la valeur des immeubles, on ne préjudicie à personne : il y a *gage suffisant* pour le public; il y a gage pour l'Etat; et l'Etat perdrait-il quelque chose sur la réalisation du gage, n'a-t-il pas un avantage immense pour lui :

près de six milliards, c'est-à-dire, presque deux capitaux à réaliser en trente ans. Ensuite, indépendamment du gage, n'a-t-on pas encore la garantie de l'emprunteur, pour répondre à toutes les différences qui peuvent résulter à la liquidation de chaque obligation.

Les 3 p. 0/0 d'intérêt à payer d'avance, montant à quatre-vingt-dix millions, sont encore une garantie qu'il convient de signaler.

Le décret qui autorisera la Banque à se constituer, établira que ses billets auront cours forcé, comme les billets de la Banque de France, et leur émission n'aura lieu, qu'au fur et à mesure des obligations qu'on lui souscrira et pour leur importance. L'état ne pourra jamais émettre des billets que contre des obligations des emprunteurs, de manière que la quantité de billets en circulation ne puisse jamais être plus forte que le chiffre des sommes portées aux obligations qui seront dans son portefeuille, comme sont les effets de commerce que la Banque de France escompte.

Le décret à intervenir défendra toute stipulation de paiements de loyers d'avance, pour tous les baux qui pourront être faits, des immeubles sur lesquels la Banque aura prêté, à peine de nullité des baux, en ce qui pourrait nuire aux intérêts de la Banque.

Le décret autorisera la Banque à faire le recouvrement des intérêts qui lui seront dus dans la forme du recouvrement de la contribution foncière, comme aussi, à former des oppositions sur les locataires des immeubles, sur lesquels la Banque aura prêté. Le tout sans frais, excepté ceux que les percepteurs sont autorisés à faire pour le paiement des rôles qui leur sont confiés.

Le décret statuera également que les inscriptions hypothécaires, en faveur de la Banque immobilière, seront dispensées du renouvellement prescrit par la loi, et qu'elles auront leur effet jusqu'au remboursement intégral du prêt fait par la Banque.

Pour le service de la Banque nationale immobilière, il sera créé :

60,000	billets de	5,000.	300,000,000
1,500,000	dito	1,000.	1,500,000,000
1,500,000	dito	500.	750,000,000
1,500,000	dito	200.	300,000,000
1,500,000	dito	100.	150,000,000
6,060,000	billets pour.		3,000,000,000

Ces billets seront fabriqués sur un papier spécial, avec des doubles souches, divisés en six mille soixante paquets de mille billets chaque.

Tous les dix ans, les billets seront changés. Les billets qui seront déchirés, ou en morceaux, pourront être échangés à l'établissement central à Paris. Il en sera fabriqué d'autres pour ces échanges ; mention sera faite aux souches du billet échangé.

Il sera de chaque échange dressé procès-verbal sur un livre *ad hoc*.

ADMINISTRATION.

Il y aura à Paris un établissement central, composé de :

3 Directeurs à 15,000 fr.	45,000 fr.
15 Chefs de bureau à 6,000.	90,000
150 Employés, l'un dans l'autre à 2,500 fr.	375,000
Loyers, papiers, fabrication de billets, chauffage, éclairage, frais de toute nature.	90,000
	600,000 fr.

Dans les départements :

Chaque chef-lieu une succursale.

1 Directeur.	10,000 fr.
2 Chefs de bureau à 3,000 fr.	6,000
8 Employés à 2,000 fr.	16,000
Frais divers.	8,000
	40,000 fr.
85 départements	3,400,000 fr.

CHEFS-LIEUX D'ARRONDISSEMENT.

Trois cents comptoirs (1) correspondant avec le chef-lieu de chaque département, 8,000 fr. pour chaque comptoir qui peut être composé d'un directeur et deux employés ci. . . . . 2,400,000 fr.

Frais divers.. . . . . 2,600,000 fr.

RÉCAPITULATION.

Etablissement central à Paris.	600,000 fr.
85 succursales dans les départements. . . .	3,400,000
300 comptoirs d'arrondissements.	2,400,000
Frais divers.	2,600,000
Total..	9,000,000 fr.

Nous avons porté 40,000 fr. par succursale; 8,000 fr. par comptoir. Comme ces succursales et comptoirs ne seront pas tous de la même importance, il y aura lieu à augmenter ou à diminuer sur chacun.

Nous avons aussi porté 2,600,000 fr. pour frais divers. Il y aura certainement des frais divers et des frais imprévus. Nous pensons néanmoins qu'il y aura économie sur ce chef; nous avons porté cette somme parce qu'elle nous complète les fr. 9,000,000 qui sont le 10e de 90 millions montant de l'intérêt des 3 milliards.

CONSEILS DE SURVEILLANCE

ET NOMINATIONS AUX EMPLOIS.

Il y aura attachés à l'Etablissement central de Paris :

6 Notaires,

6 Avocats,

(1) Il y a 363 arrondissements; mais comme les chefs-lieux feront le service de leur arrondissement, il faudrait donc déduire 85 comptoirs, ce qui en réduirait le nombre à 278. Mais comme il y a des arrondissements où il faudrait peut-être mettre deux comptoirs, nous ne changerons rien au chiffre de 300, qui nous paraît le plus rationnel.

4 Avoués d'appel,

4 Avoués de 1re instance,

30 Architectes, experts-géomètres,

6 Huissiers.

Il y aura la moitié de ce personnel auprès de chaque succursale départementale; chaque conseil de succursale pourra déléguer, soit pour les arrondissements, soit pour les cantons, des membres pris dans son sein, ou bien désigner tels autres officiers ministériels qui seront nécessaires à la prompte expédition des affaires.

Les comptoirs n'auront pas de conseil : ils devront en référer à celui du chef-lieu du département.

L'Etablissement central aura la haute inspection sur les succursales et les comptoirs. Il nommera tous ses employés pour l'Etablissement central.

Tous les directeurs, soit à Paris, soit des succursales et des comptoirs, seront nommés par le ministre des finances. Le personnel composant les Conseils à Paris, et dans les succursales, sera également formé par le ministre des finances.

Chaque directeur des succursales et des comptoirs désignera ses employés. Ils seront tenus d'en avoir le nombre qui leur sera désigné par les directeurs de l'Etablissement central.

L'Assemblée Nationale désignera tous les ans, douze de ses membres qui surveilleront toutes les opérations de la Banque immobilière; ils formeront une commission fonctionnant comme celle qui existe auprès de la Caisse des dépôts et consignations.

L'Assemblée Nationale pourra encore charger un de ses membres, dans chaque département où il aura été élu, de lui faire un rapport tous les ans sur la succursale et les comptoirs qui y seront établis.

Avant de terminer nos observations, nous donnerons quelques explications sur le projet de décret présenté par M. Flandin, rapporteur du comité de l'agriculture, et sur le projet de fusion de la Banque immobilière avec la Banque de France.

DANS LE PROJET DE M. FLANDIN,

On veut charger les receveurs généraux et les receveurs particuliers du service de la Banque immobilière.

On n'a pas réfléchi à l'importance du travail pour ce service ;

On n'a pas songé, si on prête 3 milliards, qu'il y aura 600 mille comptes à ouvrir, en comptant pour chaque prêt une somme moyenne de 5,000 fr., et que cette moyenne serait moindre encore si on admettait pour les prêts :

200 fr. pour le minimum;

50,000 fr. pour le maximum;

On n'a pas réfléchi qu'il y aura 600 mille obligations notariées; que s'il fallait suivre la marche indiquée, *on n'en finirait jamais*;

On n'a pas réfléchi qu'il y aura 6 millions et plus de billets suivant notre projet (et qu'il y en aurait bien davantage si on créait des billets de 50 fr. et que l'on n'en fît pas de 5,000); qu'il serait impossible de désigner sur tous ces billets les obligations qui les auraient motivés;

On n'a pas réfléchi qu'il serait impossible de communiquer à chaque instant les souches aux porteurs de plus de 6 millions de billets;

Que prêter 1/2 ou 1/4 serait une déception;

Que le mode de remboursement est un moyen de gêne qui augmentera tous les ans, et qu'il détruirait l'avantage que doit offrir la Banque immobilière, soit à l'emprunteur, soit à l'Etat (1).

---

(1) Le projet de décret de M. Flandin porte que l'emprunteur paiera, pendant vingt-cinq ans, 5 fr. 82 c. par 100, pour amortir le capital et payer les intérêts à 3 1/2 p. 0/0; mais comme nous ne le portons qu'à 3 p. 0/0, il s'en suivrait que l'annuité serait de 5,32 au lieu de 5,82 :

3 p. 0/0 pour les intérêts.

2,32 pour l'amortissement.

Mais qu'arrivera-t-il de ce système? c'est que vous forcerez l'emprunteur à un remboursement, lorsqu'il ne veut pas rembourser ou qu'il ne le peut pas. C'est en portant l'intérêt jusqu'à 60 1/2 p. 0/0

Que le mode proposé d'expropriation, le cas échéant, est inutile. La Banque immobilière n'a pas besoin de mesures spéciales : elle peut bien, sans inconvénient, se conformer aux lois existantes sur l'expropriation.

Pourquoi annuler les billets qui rentreront, puisqu'ils peuvent servir pour des prêts de réemploi ?

Pourquoi priver l'Etat de 33 millions de droits d'Enregistrement? Les emprunteurs qui auront de l'argent à 3 p. 0/0, au lieu de le payer à 5 ou 6 p. 0/0, peuvent bien payer le droit d'Enregistrement de 1 p. 0/0; ils ne s'en plaindront point.

Il faut établir une administration indépendante, qui forme

---

que l'on parvient à trouver le capital. En effet, si vous faites rembourser 2,32 c. par an, et que vous ayez toujours 5,32 à payer à la 10e année, vous aurez, avec les intérêts composés payé : 30 fr. 50 c.

15e	»	»	48	68
20e	»	»	70	24
21e	»	»	75	02
22e	»	»	79	96
23e	»	»	85	08
24e	»	»	90	38

De sorte que, payant toujours 5 fr. 32 c. par an, c'est comme si l'on payait l'intérêt sur ce qui resterait dû ; savoir :

La 10e année :	69 fr.	50 c.	à	8 1/6	p. 0/0.
15e	» 51	32	à	11 1/3	»
20e	» 29	76	à	19 2/3	»
21e	» 24	98	à	24 1/12	»
22e	» 20	04	à	27 7/10	»
23e	» 14	92	à	39	»
24e	» 9	62	à	60 1/2	»

Laissons donc à l'emprunteur la faculté de rembourser à volonté, et s'il veut se créer un moyen d'amortissement, il peut le faire à meilleur compte; car, en plaçant 2 fr. par an, nous trouvons que, pendant vingt-cinq ans, les intérêts composés, on aura 100 fr.

L'Etat n'a pas intérêt au remboursement, car son revenu diminuerait tous les ans, et, au bout de vingt-cinq ans, il serait à *zéro*, à moins que l'on ne veuille faire de nouveaux prêts, et alors pourquoi faire rembourser l'un pour prêter à l'autre? Nous ne voyons aucun intérêt à cela.

Le mode forcé de remboursement ne convient donc, ni à l'emprunteur, ni au prêteur.

comme un nouveau ministère, et c'en sera bien un, si on veut se donner la peine d'y réfléchir; car la Banque immobilière emploiera plus de 3000 personnes.

Plus l'administration de la Banque immobilière sera indépendante, plus elle *inspirera de confiance*: il faudrait, s'il était possible, que le Gouvernement n'eût qu'un droit de protecteur; il ne faut pas que dans aucun cas il puisse se servir de la Banque immobilière pour se créer des ressources; et pour atteindre ce but, nous pensons qu'il faut *franchemeut* adopter le mode d'administration que nous proposons.

SUR LE PROJET DE FUSION

AVEC LA BANQUE DE FRANCE.

D'après le mode établi plus haut pour l'administration de la Banque immobilière, et que nous pensons avoir formulé largement, nous comptons pour les frais. fr. 9,000,000

On aurait proposé à la Banque de France, 1/8 sur les intérêts que paieraient les emprunteurs à la Banque immobilière. Si nous émettons 3 milliards de billets à 3 p. 0/0, cela fait fr. 90,000,000

1/8 fait ———— 11,250,000

Différence 2,250,000

Pourquoi ferions-nous cadeau à la Banque de France de 2,250,000, plus des économies que nous pourrons faire sur 9 millions que nous portons pour les frais? Il n'y a aucune raison pour cela; car, malgré tout le zèle que la Banque de France mettrait à servir les intérêts de la Banque immobilière, elle ne ferait jamais ce que nous ferons avec notre administration; d'ailleurs, l'institution de la Banque de France perdrait son caractère: elle ne serait plus que l'auxiliaire de la Banque immobilière, à moins que l'on n'ait pensé à ne faire de la Banque de France qu'une fabrique de papier-monnaie et à laisser à l'Etat le soin de faire toutes les opérations que nécessitera la Banque immobilière. Oh! alors, ce serait véritable folie, car on paierait 11 millions par an, et pour trente ans, en capitalisant les intérêts, plus de 600 millions! et la Banque de France ne dépenserait pas 500,000 fr.

Pense-t-on que si la Banque de France émettait pour 3 milliards de billets, qu'elle aurait plus de crédit que la Banque immobilière? erreur; elle en aurait moins. Qu'est-ce que son capital de 70 à 80 millions, en supposant qu'il ne soit pas ébréché par les effets qu'elle a en souffrance? Rien en comparaison de 3 milliards.

Ensuite pense-t-on que les valeurs qui représentent les billets émis par la Banque de France pour son compte, valent celles que représenteront les billets de la Banque immobilière? nous ne le pensons pas.

Quelque honorables que soient les gouverneurs de la Banque de France, pense-t-on qu'ils présentent plus de sécurité que n'en présenterait l'administration que nous proposons, contre l'abus que l'on pourrait faire de la création de billets? nous ne le pensons pas non plus.

Ainsi, point de combinaison possible avec la Banque de France, pour ce qui est relatif à la Banque nationale immobilière.

Nous terminerons nos observations par rappeler les avantages *immenses* qui doivent résulter de la Banque immobilière.

Le prêt fait à 3 p. 0/0 d'intérêt :

100 fr. rapporteront.	3 fr.	00 c.
A déduire 10 p. 0/0 frais d'administration.	»	30
Restera. . .	2 fr.	70 c.
Et pour trente ans.	81 fr.	00 c.
Intérêts à 5 p. 0/0, capitalisés tous les ans. .	102	35
Produit de 100 fr.	183 fr.	35 c.
Trois milliards produiront.	5,500,560,000	

A cela il faut ajouter :

Les droits d'enregistrement. 33,000,000 fr.

Une an. d'intér. 90,000,000 f.

Reporter. . .	90,000,000	33,000,000	5,500,560,000 fr.
A déduire :			
Frais d'administration. . .	9,000,000		
		81,000,000 fr.	
		114,000,000 fr.	
Intérêts capitalisés pendant trente ans à 5 p. 0/0. . . .		375,350,296	
A déduire.		489,350,296 fr.	
L'année d'avance. . . .		81,000,000	
			408,350,296 fr.
Bénéfice pour l'État.			5,908,910,296 fr.

Les emprunteurs, au lieu de payer les intérêts à 5, 6 et 7 p. 0/0, ne paieront plus que 3 p. 0/0 et par conséquent *gagneront aussi environ 6 milliards.*

L'agriculture, le commerce et l'industrie en retiront des avantages incalculables : cela procurera du travail, et avec le travail, *l'ordre et le crédit renaîtront.*

Nous avons compté dans les capitalisations l'intérêt à 5 p. 0/0, attendu que tant que la rente 5 p. 0/0 n'aura pas dépassé le pair, l'État pourra toujours placer les intérêts des 3 milliards que la Banque immobilière lui paiera à raison de 5 p. 0/0.

Si l'État pouvait affecter à l'amortissement tout ce que lui paiera la Banque immobilière, et ne pas y toucher pendant trente ans, on voit qu'il pourrait rembourser toute sa dette.

L'Assemblée nationale, après s'être pénétrée de la justesse de nos calculs et de nos observations, adoptera notre projet : le salut de l'État en dépend.

Des statuts régleront toute l'administration de la Banque immobilière, et le rouage de sa comptabilité ; nous en dresserons le projet si l'Assemblée nationale ou le ministre des finances nous le demande.

Nous joignons plus loin le projet de décret pour l'établissement de la Banque dont il s'agit.

PROJET DE DÉCRET

Pour l'établissement d'une Banque nationale immobilière.

Considérant, etc., etc.

CHAPITRE PREMIER.

Création de billets ayant cours légal, leur émission, administration.

ARTICLE PREMIER. — Le ministre des finances est autorisé à créer une Banque nationale immobilière (1).

Cette Banque aura un établissement central à Paris, administré par trois directeurs; elle aura une succursale dans chaque département et trois cents comptoirs (si cela est nécessaire) établis principalement dans chaque chef-lieu d'arrondissement.

ART. 2. — La Banque est autorisée à créer des billets jusques à concurrence de 3 milliards, dans la forme des billets de la Banque de France. Ces billets seront créés et émis au fur et à mesure qu'il sera consenti par les propriétaires d'immeubles des obligations hypothécaires.

Chaque département aura droit au prêt des 3 milliards, dans la proportion de son impôt foncier, mais il devra en disposer dans l'année; à défaut, l'excédant sera réparti entre les départements qui n'auront pas eu assez de billets pour répondre à leurs besoins, et ce, dans la proportion des demandes qui n'auraient pas été satisfaites.

ART. 3. — Les coupons des billets seront de 100, — 200, — 500, — 1,000, — 5,000.

Ils seront fabriqués sur un papier spécial, à double souche, et porteront un numéro d'ordre (2).

Ils auront cours légal forcé et seront reçus par toutes les caisses publiques, et par les particuliers, comme espèces.

---

(1) Le Grand-Livre est relatif à la dette de l'Etat et ne peut comprendre celle des particuliers, dont l'Etat n'est que garant.

(2) Toute annotation, aux souches, deviendrait un embarras et même une impossibilité

CHAPITRE II.

Conditions des prêts à faire aux propriétaires d'immeubles.

ART. 4. — Les propriétaires qui voudront emprunter à la Banque, contre une obligation hypothécaire, devront en faire la demande à l'établissement central à Paris, pour les propriétés dans le département de la Seine, et à chaque succursale départementale pour les propriétés situées dans chaque département. Ces demandes pourront être déposées dans les comptoirs d'arrondissement, et les directeurs de ces comptoirs les feront parvenir au directeur de la succursale du département.

Ils joindront à leur demande un état désignatif de l'immeuble; c'est-à-dire, qu'il indiquera sa situation, sa nature, sa valeur approximative. Cette demande, aussitôt arrivée au chef-lieu du département, recevra un numéro d'ordre.

ART. 5. — La demande arrivée à l'établissement central pour le département de la Seine, et aux succursales pour les autres départements, chaque directeur enverra sur les lieux où se trouvera situé l'immeuble sur lequel on voudra emprunter, un architecte ou un géomètre faisant partie du Conseil, ou il commettra un architecte ou géomètre résidant dans l'arrondissement, le canton, la commune où se trouvera l'immeuble, pour en dresser le plan et donner son avis sur sa valeur et son produit net. Le tout sans frais à la charge de l'emprunteur (3).

ART. 6. — L'emprunteur déposera ses titres chez le notaire qu'il désignera. Celui-ci en fera l'examen, et en enverra l'analyse au directeur de la succursale de son département, en y joignant son avis, soit sur la valeur de l'immeuble, soit sur la suffisance ou l'insuffisance des titres produits pour établir la propriété. Le directeur de la succursale en donnera immédiatement avis à l'établissement central, à Paris.

ART. 7. — Dès que les renseignements mentionnés aux ar-

---

(3) L'article 6, du projet de M. Flandin, *écraserait* l'emprunteur de frais inutiles et de lenteurs indéfinies.

ticles 5 et 6 seront entre les mains du directeur de la succursale du département, il les soumettra au Conseil établi près de lui. Ce Conseil décidera, s'il y a lieu, à admettre sa demande, en tout ou en partie ; si le Conseil n'est pas suffisamment édifié sur la valeur de l'immeuble proposé en garantie du prêt demandé, il fera faire une nouvelle appréciation par un ou plusieurs architectes ou géomètres, qu'il désignera. Toujours sans frais pour l'emprunteur (4).

Art. 8. — Dès que l'on sera en mesure de faire l'obligation chez le notaire désigné par l'emprunteur, les notaires composant les Conseils de l'établissement central ou de chaque succursale, s'entendront avec ce notaire pour réaliser le contrat au profit de la Banque. Ils devront surtout veiller :

1° A ce que les titres de propriété soient produits, ou à défaut, un acte de notoriété authentique, qui en tienne lieu ;

2° A ce que les qualités de l'emprunteur soient bien établies ;

3° A ce qu'il soit produit un état des inscriptions grevant l'immeuble sur lequel on voudra emprunter. Cet état devra être visé par le conservateur des hypothèques au moment où l'inscription en faveur de la Banque sera faite. Ce visa constatera qu'il n'y a pas eu de nouvelles inscriptions depuis la délivrance de l'état dont il s'agit ;

4° A ce que les constructions faisant partie de l'immeuble hypothéqué soient assurées.

Art. 9. — Aussitôt le contrat réalisé chez le notaire, la grosse sera remise au directeur de la succursale et envoyée par lui à l'établissement central de Paris, qui fera immédiatement délivrer les billets de la Banque au porteur du mandat délivré sur sa caisse, par le notaire qui aura reçu l'acte et par les notaires qui auront représenté la Banque à la passation du-

(4) Le conseil que nous proposons sera certainement plus apte à l'estimation des immeubles que ne le serait le jury proposé par M. Flandin (article 7), qui peut se composer de personnes n'ayant pas les connaissances nécessaires. Ces jurys peuvent se reporter sur 2,887 cantons, tandis que, suivant nous, nous les réunissons sur 86 départements et composés d'hommes *spéciaux*.

dit acte. Ce reçu devra être annexé à la grosse, qui sera mise dans le portefeuille de la Banque.

Art. 10. — Aucun prêt ne sera fait sur un immeuble indivis, à moins que tous les co-propriétaires n'interviennent dans l'acte de prêt, et qu'ils ne se rendent tous caution.

Art. 11. — Il ne sera prêté que les deux tiers de la valeur de l'immeuble offert en garantie. Cette valeur sera fixée par les Conseils attachés à la Banque dans chaque département.

Le montant du prêt sera payé aux créanciers inscrits, qui devront subroger la Banque dans tous leurs droits, actions et priviléges. Les créanciers inscrits ne pourront être tenus à recevoir leur remboursement qu'aux époques stipulées dans leurs contrats.

Art. 12. — La Banque ne prêtera que jusques à concurrence de son estimation de l'immeuble, et, s'il y a des créanciers ayant le droit de ne pas être remboursés de suite, elle ne prêtera que la somme qui sera libre. Elle ne sera pas tenue à prêter ultérieurement pour rembourser les créanciers qui auront refusé leur paiement; elle pourra le faire, si elle a des sommes libres sur les 3 milliards ou provenant de remboursements qui auront pu lui être faits sur les prêts antérieurs (5).

Art. 13. — L'intérêt du prêt est fixé à trois pour cent par an.

Il sera payé par l'emprunteur, au moment du prêt, une année d'intérêt d'avance, imputable sur la dernière année d'intérêt qu'il pourra devoir.

Le prêt ne pourra être moindre de 500 fr., et de plus de 300,000 fr. pour le même individu.

Art. 14. — Si la valeur des immeubles donnés en garantie à la Banque diminuait par telle cause que ce soit, la Banque aura toujours le droit de se faire rembourser la moins-value, dans la proportion du prêt, ou bien de vendre l'immeuble pour se rembourser.

---

(5) Pour que l'hypothèque en faveur de la Banque soit au premier rang, il faudrait pouvoir rembourser les hypothèques *non échues*, et, comme il faut respecter sur ce point le contrat, la condition d'être en premier rang est inexécutable, quant à présent.

En cas d'augmentation de valeur des immeubles, la Banque pourra augmenter son prêt si elle a des fonds disponibles.

CHAPITRE III.

Recouvrement des intérêts et remboursement des prêts.

Art. 15. — Les intérêts seront payés tous les six mois, à partir du jour du prêt. Ils seront payés à la Caisse des comptoirs d'arrondissement ou des succursales où sera la demeure de l'emprunteur.

En cas de retard de paiement d'une année d'intérêt, six mois après cette échéance, la Banque pourra poursuivre le remboursement du prêt.

Trois mois après l'échéance de chaque semestre, ce semestre portera de plein droit l'intérêt de retard jusqu'au paiement, à raison de 3 p. 0/0 l'an.

La Banque pourra toujours exiger le paiement des intérêts à chaque semestre. Elle n'est tenue d'accorder aucun délai pour ce paiement.

Art. 16. — Si la Banque est obligée d'exercer des poursuites pour le recouvrement des intérêts, elle est autorisée à le faire dans la forme suivie par les percepteurs des impositions, pour le recouvrement des rôles qui leur sont confiés.

Elle est encore autorisée à former des oppositions entre les mains des fermiers et locataires des immeubles sur lesquels reposera l'hypothèque garantissant le prêt par elle fait; et ce, également, dans la forme usitée par les percepteurs des impositions.

Art. 17. — L'emprunteur ne pourra faire aucun bail de tout ou partie de l'immeuble hypothéqué en faveur de la Banque, avec stipulation de paiement de fermage ou de loyer payé d'avance; cette clause, si elle est insérée dans un bail fait postérieurement au prêt, sera nulle, en ce qu'elle pourrait nuire aux intérêts de la Banque.

Art. 18. — L'emprunteur aura toujours le droit de se libérer du prêt à lui fait : il pourra le faire par à-comptes, lesquels ne pourront être moindres du dixième du prêt, ou de 200 fr. pour les prêts au-dessous de 1000 fr. (6).

Il sera bonifié à l'emprunteur par la Banque les intérêts à 3 p. 0/0 sur chaque à-compte. Ces intérêts seront déduits sur ceux qu'il aura à payer à chaque trimestre sur ce qu'il resterait devoir.

Art. 19. — Tout emprunteur pourra, au fur et à mesure des remboursements par lui effectués, faire opérer sur les registres du bureau des hypothèques, la réduction de l'inscription au profit de la Banque, sur le dépôt d'un certificat délivré par l'établissement central à Paris, visé par le Directeur de la succursale et du Directeur du comptoir du département où sont situés les immeubles hypothéqués au profit de la Banque.

Art. 20. — Si l'expropriation devient nécessaire, soit par la diminution de la valeur de l'immeuble sur lequel la Banque aura prêté, soit par le défaut de paiement des intérêts par l'emprunteur ; elle sera faite à la requête de l'agent du trésor dans la forme ordinaire, et conformément aux lois existantes (7).

Si le prix de l'adjudication de l'immeuble ne s'élevait pas à la somme suffisante pour couvrir la Banque du prêt qu'elle aura fait et des accessoires, elle pourra se rendre adjudicataire de l'immeuble après avoir pris l'avis de son conseil.

Art. 21. — En cas de partage ou de licitation d'un immeuble hypothéqué au profit de la Banque, elle pourra reporter son prêt sur chaque partie, ou exiger son remboursement.

Il en sera de même en cas de vente à l'amiable ou judiciaire, la Banque aura la faculté d'accepter le nouvel acquéreur pour son débiteur, ou de se faire également rembourser sur le prix de la vente.

---

(6) Suivant l'article 20 du projet de M. Flandin, le capital est amorti par des annuités de 2 fr 32 pour cent par an. Nous avons prouvé que ce mode ne convenait ni à l'Etat, ni à l'emprunteur. (*Voyez* pages 15 et 16).

(7) Nous ne voyons aucun intérêt à s'écarter du droit commun pour l'expropriation. Ce que nous proposons nous paraît plus rationnel que ce que propose M. Flandin, articles 24 et 25 de son projet.

CHAPITRE IV.

Retrait des billets, leur remise en circulation, échange et annulation.

Art. 22. — A chaque remboursement qui se fera à la Banque de tout ou partie d'un prêt qu'elle aura fait, elle retirera de la circulation une quantité de billets égale aux sommes qui lui seront remboursées.

Les billets retirés seront déposés dans une caisse à trois serrures, dont les clefs seront remises à trois personnes désignées par le Ministre des finances.

Ils ne seront extraits de la caisse que pour servir à de nouveaux prêts, et sur nouvelles obligations hypothécaires (8).

Art. 23. — Si des billets sont déchirés et en mauvais état, de manière à ne pouvoir circuler, ils seront échangés contre de nouveaux; mention sera faite aux souches des nouveaux billets des numéros de ceux qu'ils remplacent : il sera également fait mention aux souches des anciens billets des numéros des nouveaux billets qui les ont remplacés.

Les billets ainsi échangés seront brûlés, ou ils seront frappés d'une griffe qui indiquera leur annulation. Il sera du tout dressé procès-verbal.

Art. 24. — Tous les dix ans, les billets de la Banque seront échangés contre de nouveaux, d'une couleur différente, mais dans la même forme que la première émission,

Art. 25. — Si par des remboursements de prêts, il rentrait à la Banque une quantité trop grande de ses billets, et qu'il n'y ait pas de réemploi, alors les billets qui seraient déposés dans la caisse, comme il est dit à l'art. 22, pourront en être retirés, pour être annulés, soit en les brûlant, soit en les frappant d'un timbre emporte-pièce. Dans l'un et l'autre cas, il sera dressé procès-verbal et fait mention aux souches des billets de leur annulation.

L'annulation des billets pourra surtout être demandée par la commission déléguée par l'Assemblée nationale.

---

(8) M. Flandin propose d'annuler ses billets au fur et à mesure des remboursements. Nous croyons cette mesure inutile et dispendieuse; ce que nous proposons nous paraît préférable.

CHAPITRE V.

Modification au régime hypothécaire (9).

Art. 26. — Les inscriptions qui seront prises par la Banque, pour les prêts qu'elle fera, sont dispensées du renouvellement prescrit par l'art. 2154 du Code civil. Ces inscriptions conserveront leur force jusques à parfait remboursement des prêts.

Art. 27. — Ne pourront être opposés à la Banque : savoir :

1° Les droits et créances auxquels l'hypothèque légale est attribuée, si, dans le délai de deux mois, à partir de la promulgation du présent décret, et par dérogation aux art. 2121 et 2135 du Code civil, ils n'ont été rendus publics dans les termes des art. 2136 et suivants du même Code.

2° Le privilége du vendeur, s'il n'est aussi inscrit dans le même délai.

3° L'action résolutoire, si le privilége avec lequel elle se confondra n'a pas été inscrit comme il est dit ci-dessus.

Art. 28. — Tout individu qui, pour obtenir un prêt hypothécaire, aura fait à la Banque une fausse déclaration constituant un stellionat, sera puni d'un emprisonnement de deux mois à deux ans, et d'une amende qui pourra être portée au quart de la somme prêtée, mais jamais moindre de vingt-cinq francs. Il pourra, en outre, être suspendu de ses droits civils d'un à cinq ans.

Art. 29. — Les présentes modifications ne sont introduites que dans l'intérêt de la Banque ; il n'est point innové au droit commun pour toute opération autre que celle que le présent décret a pour objet.

CHAPITRE VI.

Tarif des frais.

Art. 30. — Les billets de la Banque, les plans de propriétés, les rapports, les états et certificats des bureaux des hypothèques, les mandats fournis sur la caisse de l'Établissement cen-

---

(9) Ce chapitre est, à peu de différence près, semblable au projet de M. Flandin.

tral ou des caisses des succursales et comptoirs, les déclarations concernant l'Etat civil, les radiations de tout ou partie des inscriptions, le papier des grosses et expéditions des contrats, et généralement toutes les pièces nécessaires à la rédaction des contrats pour les prêts que fera la Banque, sont exempts du timbre et du droit d'enregistrement.

Art. 31. — Les états et certificats à délivrer par les conservateurs des hypothèques, et tous actes d'inscription ou de radiation paieront un droit fixe de 1 fr.

Il sera en outre payé ux conservateurs des hypothèques, pour les actes qui auront plus d'un rôle, vingt-cinq centimes par chaque rôle, sur le format d'un papier au timbre de trente-cinq centimes.

Art. 32. — Les lettres et paquets adressés à la Banque ou à ses succursales et comptoirs, seront transmis administrativement, et affranchis des droits de poste. Il en sera de même pour les lettres et paquets expédiés par la Banque, ses succursales et ses comptoirs ; mais ces derniers devront être frappés d'un cachet particulier à la Banque.

Art. 33. — Les droits d'enregistrement pour chaque obligation qui sera consentie à la Banque pour prêt fait en vertu du présent décret, restent fixés au droit proportionnel de un franc, plus le dixième, comme pour les obligations de prêts ordinaires (10).

Art. 34. — Les honoraires pour la rédaction et confection des actes de prêt seront, savoir :

Pour le notaire de l'emprunteur, un quart pour cent ;

Pour les notaires de la Banque, un huit pour cent ;

Pour les architectes, géomètres et experts, un huit pour cent.

Dans tous les cas, ces honoraires ne seront pas moindres de dix francs, pour chaque prêt, et à répartir dans la proportion ci-dessus.

Il sera alloué au notaire, dépositaire de la minute de l'obligation, ainsi qu'à tout notaire qui pourra fournir des actes

---

(10) M. Flandin propose de ne prendre qu'un droit fixe de 1 franc. Nous ne voyons pas pourquoi *on priverait l'État* de plus de 32 millions : l'emprunteur ne se plaindra pas en payant le droit ordinaire.

nécessaires à l'emprunteur, pour établir ses titres et ses droits à la propriété offerte à la Banque, en garantie du prêt qui pourra lui être fait, cinquante centimes par rôle de papier ordinaire, pour toutes les grosses et expéditions que les notaires pourront délivrer. Il ne sera dû aucun honoraire pour ces expéditions.

Tous les frais ci-dessus seront à la charge de l'emprunteur.

CHAPITRE VII.

Dispositions générales.

Art. 35.—L'assemblée Nationale désignera à chaque session, douze de ses membres pour surveiller à Paris les opérations de la Banque nationale immobilière. Cette commission fonctionnera comme celle qui se trouve déléguée auprès de la caisse des dépôts et consignations; elle désignera également un représentant de chaque département, où celui-ci aura été élu, pour lui faire un rapport sur la succursale et les comptoirs qui y seront établis.

Art. 36. — Le montant des recettes provenant du recouvrement des intérêts, moins un dixième, sera versé tous les dix jours à Paris, à la Caisse du Trésor public ; dans les départements, par les succursales, aux caisses des receveurs généraux.

Les directeurs des comptoirs de chaque département feront dans le même délai leur versement à la caisse de la succursale.

Les comptoirs ne pourront jamais avoir plus de cinq mille francs en caisse, les succursales plus de vingt mille francs. S'ils ont un excédant, ils feront réciproquement leurs versements tous les cinq jours.

Les recettes provenant du remboursement de prêts qui se feront dans les départements, lesquelles ne pourront se faire que par les succursales, seront immédiatement versées à la Caisse du receveur général du département; celui-ci en donnera avis immédiatement au Ministre des Finances qui, à son tour, devra remettre le montant de ces remboursements à la Banque, pour qu'elle puisse faire le retrait des billets conformément à l'article 22 du présent décret.

Art. 37. — Le dixième de retenue sur les recettes dans les départements, provenant du paiement des interêts, sera envoyé à la Caisse de l'Etablissement central à Paris, qui le joindra à ce qu'il aura pu encaisser lui-même.

Ce dixième servira à payer tous les frais d'administration, et tous autres qui seront nécessités pour le service de la Banque.

Si les recettes provenant du recouvrement du dixième dont il s'agit n'étaient pas absorbées par les frais, comme il vient d'être dit, l'excédant sera versé tous les ans au Trésor public, pour en faire un fonds de réserve, et répondre aux éventualités de perte qui pourraient survenir. Le trésor fera compte de l'intérêt à 3 p. 0/0.

Art. 38. — Si l'émission de trois milliards de billets de la Banque était jugée insuffisante, l'Assemblée Nationale pourra, par un nouveau décret, étendre cette émission.

Art. 39. — Le ministre des finances nommera les directeurs de l'Etablissement central à Paris; ceux des succursales et des comptoirs des départements. Il nommera également, les notaires, les avocats, les avoués, les architectes-géomètres et experts, les huissiers attachés comme conseils à la Banque, soit à Paris, soit dans les départements.

Ces nominations pourront être faites sur la liste des candidats désignés par les directeurs de l'Etablissement central à Paris.

Art. 40.—Les directeurs de l'Etablissement central, ceux des succursales et des comptoirs désigneront leurs employés. Le nombre des employés des succursales, et ceux des comptoirs, seront déterminés par les directeurs de l'Etablissement central. Leurs émoluments seront également fixés par eux.

Art. 41.—Tous les mois, la Banque publiera dans trois journaux de Paris, et dans un journal de chaque département, l'Etat de la situation du mois qui aura précédé celui de la publication.

Art. 42 et dernier.—Toutesl es opérations de la Banque nationale immobilière, seront soumises tous les ans au contrôle de la Cour des comptes.

MODÈLE

Des Feuilles d'adhésions à faire signer par tous les citoyens intéressés à l'établissement de la Banque immobilière.

Remettre sans retard ces feuilles aux représentants de chaque département. — Recueillir les signatures dans toutes les villes, villages, bourgs et hameaux.

A *le* 1848.

A L'ASSEMBLÉE NATIONALE.

Les soussignés, propriétaires agricoles, manufacturiers, fabricants, commerçants, industriels, entrepreneurs, ouvriers, etc.,

Convaincus de l'utilité, de la nécessité même d'établir en France une **Banque nationale immobilière**,

Viennent appuyer de toutes leurs forces, auprès de l'Assemblée nationale, le projet développé dans la brochure du citoyen CH. POLINO.

(Mettre après chaque signature la demeure et la profession.)

www.ingramcontent.com/pod-product-compliance
Ingram Content Group UK Ltd.
Pitfield, Milton Keynes, MK11 3LW, UK
UKHW021207230726
13926UKWH00001B/368

9 782014 071917